Trennkost aus dem Wok

schnell, einfach und gesund

> Autorin: Ursula Summ | Fotos: Michael Brauner

Inhalt

Die Theorie

Die Rezepte

Extra

Ein perfektes Paar: Trennkost und Wok

Wohl kein anderer Topf ist so ideal wie der Wok, um trennkostgerechtes Essen zuzubereiten. Die Stichworte heißen frische Nahrungsmittel und kurze Garzeiten. Denn alles, was in den Wok wandert, wird mundgerecht zerkleinert und dann rasch gebraten oder gedämpft. Bei dieser Garmethode bleiben fast alle Vitalstoffe erhalten. Und das ist ebenfalls ein wichtiger Aspekt der Trennkost. Lassen Sie sich von den vielseitigen Gerichten überraschen. In diesem Sinn wünsche ich Ihnen viel Spaß beim „Woken“.

Herzlichst Ihre
Ursula Summ

Trennkost und Wok

Das Prinzip der Trennkost

Sich trennkostgerecht zu ernähren ist ganz einfach. Eiweißreiche und kohlenhydratreiche Nahrungsmittel sollten nicht zusammen gegessen werden, sondern nur jeweils mit neutralen Lebensmitteln kombiniert werden. Entsprechende Tabellen finden Sie auf den Seiten 6–8. Auf Dosenware und Fertigprodukte sollte man wirklich nur im Notfall zurückgreifen, Alle Lebensmittel sollten möglichst frisch sein und nährstoffschonend zubereitet werden. Das bedeutet vor allem kurze Garzeiten. Und damit sind wir schon beim Thema Wok.

1 *Hier das wichtigste Utensil: ein Wok mit gut schließendem Deckel und Wender.*

Kochen im Wok

Der Wok bietet alle Voraussetzungen, um Nahrungsmittel besonders schonend zu garen. Gemüse, Geflügel, Fisch oder Fleisch werden mundgerecht zerkleinert und in heißem Öl im Wok rasch gebraten. Durch die kurze Garzeit bleiben viele wertvolle Vitalstoffe erhalten, die bei langen Kochzeiten durch den Einfluss von Hitze und Sauerstoff in großen Mengen verloren gehen.

Das brauchen Sie

Natürlich einen Wok, der sich gut erhitzen lässt. Woks aus Gusseisen speichern die Hitze sehr lange, deshalb müssen die Zutaten hier ständig gerührt und nach der Zubereitung sofort auf Teller oder in Schälchen umgefüllt werden. Leichter zu handhaben sind teflonbeschichtete, elektrische Woks, die ein eigenes Heizelement besitzen. Zudem können Sie mit ihnen Öl beim Garen einsparen. Ein weiterer wichtiger Helfer beim „Woken" ist ein leicht abgerundeter Wender, der sich der Form des Woks anpasst. Außerdem benötigen Sie einen Schaumlöffel oder eine Schaumkelle, um Gargut leichter herausnehmen oder herausheben zu können.

Die Vorbereitung

Erst wenn alle Zutaten geputzt, gewaschen und zerkleinert sind, und die Gewürze und die Würzsaucen bereitstehen, sollten Sie den Wok und anschließend das Öl darin erhitzen. Denn Kochen im Wok ist kinderleicht und geht wirklich rasend schnell. Am besten füllen Sie alle Zutaten in Schalen und stellen sie in der benötigten Reihenfolge neben den Herd.

Eine Frage des Öls

Für das Kochen im Wok benötigen Sie ein Öl, das hoch erhitzbar ist. Völlig ungeeignet ist beispielsweise kalt gepresstes Olivenöl. Nehmen Sie Sojaöl, Sonnenblumenöl, Sesamöl, Raps- oder Distelöl. Das Öl ist heiß genug, wenn es Schlieren bildet. Auf Erdnussöl sollten Sie möglichst verzichten.

Die richtige Würze

Sie ist das A und O beim „Woken". Die asiatische Küche bietet eine Vielzahl von Würzsaucen, Pasten und Gewürzen, die unterschiedlich scharf sind, wie zum Beispiel die verschiedenen Currypasten. Kaufen Sie sie anfangs nur in kleinen Mengen, um herauszufinden, welche Ihnen wirklich zusagen. Da viele Saucen, speziell Sojasauce, und Pasten reichlich Salz enthalten, sollten Sie Salz, am besten Meersalz, immer nur sparsam verwenden. Bei scharfen Gewürzen ist es besser, später nachzuwürzen als zu überwürzen, denn sie lassen sich nur schwer wieder neutralisieren – am besten mit einfachem Naturjoghurt.

Die Garmethoden

Die traditionelle Garmethode ist das Pfannenrühren im Wok. Das Braten der Zutaten erfolgt unter ständigem Rühren, dabei wird immer mit der Zutat angefangen, die die längste Garzeit benötigt. Fürs Dämpfen im Wok benötigen Sie einen Dämpfeinsatz oder ein Bambuskörbchen, in dem das Gargut über heißem Wasser sanft gart. Solche Bambuskörbe erhalten Sie in asiatischen Lebensmittelgeschäften. Diese Methode ist besonders nährstoffschonend. Wenn man dem Wasser Kräuter oder Gewürze zufügt, erhält das Gargut noch ein spezielles Aroma. Eine weitere Garmethode ist das Frittieren, das wie in der Fritteuse funktioniert. Es ist im Rahmen der Trennkost jedoch nur in Ausnahmefällen erlaubt. Und natürlich können Sie, wie in einem Topf, auch Suppen und Eintöpfe im Wok zubereiten.

Den Wok reinigen

Am besten reinigen Sie den Wok nur mit reichlich heißem Wasser und bürsten ihn gründlich sauber. Anschließend sollten Sie ihn mit einem Küchentuch gut trockenreiben und bei den Töpfen aufbewahren. Einen Wok aus Eisen sollten Sie zudem mit etwas Öl einreiben, damit er nicht rostet.

2 *Scharfe Gewürze und diverse Würzsaucen sind einfach ein Muss in der Wok-Küche.*

Einkaufen fürs „Woken"

Woks finden Sie in großer Auswahl in den Haushaltswarenabteilungen der Kaufhäuser, in Spezialgeschäften und natürlich in asiatischen Läden. Die speziellen Gewürze und Würzsaucen erhalten Sie in der Asia-Abteilung in gut sortierten Supermärkten und in asiatischen Lebensmittelgeschäften. Hier finden Sie auch ausgefallene Zutaten wie Zitronengras, Kaffirlimettenblätter und Galgantwurzel. Lassen Sie sich vom Verkaufspersonal beraten, wenn Sie unsicher sind, wenn es um die Unterschiede der einzelnen Produkte geht.

Die neutrale Gruppe

Salate, Gemüse, Kräuter

- alle Salat- und Gemüsesorten (außer Kartoffeln und gekochten Tomaten), alle frischen Kräuter

Frisches Koriandergrün wird in Asien besonders gerne zum Würzen und Garnieren verwendet.

Pilze

- alle frischen und getrockneten Pilze

Typisch fürs Kochen im Wok sind Shiitake-Pilze, Austernpilze und Champignons.

Sprossen und Keime

- Sojabohnensprossen, Mungosprossen, Alfalfasprossen, Radieschensprossen, Kichererbsenkeimlinge

Nüsse

- Cashewkerne, Haselnüsse, Mandeln, Pinienkerne, Pistazien, Kokosraspel, Sesamsamen und Sonnenblumenkerne

Gerösteter Sesam verleiht vielen Wok-Gerichten eine spezielle nussige Note.

Fette, Öle

- Sonnenblumenöl, Sojaöl, Olivenöl, Sesamöl, Chiliöl, ungehärtetes Kokosfett, Butter

Auf gehärtete Fette sollte man in der Trennkost verzichten. Wichtig: Olivenöl ist nicht hoch erhitzbar!

Würzmittel

- alle frischen und getrockneten Gewürze, Würzsaucen und Würzpasten

Äußerst beliebt sind Kurkumapulver, Garam Masala, Kreuzkümmel, gelbe, rote und grüne Currypasten, Sojasaucen, Fischsauce und Sambal oelek.

Spezielle Zutaten

- Kokosmilch, Joghurt, Ingwerwurzel, Galgantwurzel, Zitronengras, Limettensaft und Limettenschale

Diese Würzzutaten sind ganz typisch für die Wok-Küche.

Getränke

- Mineralwasser ohne Kohlensäure, Kräutertee, Gemüsesäfte

Wichtig

- Auf Konserven sollte man in der Trennkost möglichst verzichten. Ausnahmen bilden Produkte, die man frisch nur schwer erhält, wie zum Beispiel Kokosmilch.

Die Eiweißgruppe

Fleisch

- alle gegarten und gebratenen Fleisch- und Geflügelsorten

In der Wok-Küche sind die Fleischportionen in der Regel klein, dafür dominiert der Gemüseanteil – genau wie es in der Trennkost empfohlen wird.

Fisch

- alle gegarten und gebratenen See- und Süßwasserfische (Seefische liefern im Gegensatz zu Süßwasserfischen wertvolles Jod.)

Eine besonders schonende Art Fisch im Wok zu garen, ist das Dämpfen über dem heißen Wasserbad.

Sojaprodukte

- Tofu, Sojafleisch

Sojabohnensprossen haben Salatcharakter und sind daher neutral. Sojasaucen und Sojaöl zählen ebenfalls zur neutralen Gruppe.

Beeren-, Kern-, Steinobst

- alle Kern- und Steinobstsorten, alle frischen Beeren mit Ausnahme von Heidelbeeren (sie sind neutral)

Säuerliche Äpfel gehören zur Eiweißgruppe, mürbe zur Kohlenhydratgruppe.

Zitrusfrüchte, Exoten

- alle Zitrusfrüchte und Exoten (außer Bananen, Feigen und Datteln)

Speziell Mangos findet man häufig in Kombination mit Geflügel in Wok-Gerichten.

Eier

- ganze Eier und Eiweiß

Eigelb wird der neutralen Gruppe zugeordnet.

Getränke

- Fruchtsäfte, Tomatensaft, trockener Weiß- und Rotwein, trockener Sherry

Wichtig

- Erhitzte Tomaten gehören zur Eiweißgruppe!

Schweinefleisch sollte man in der Trennkost nur ausnahmsweise essen. Dies gilt auch für Wurst und Schinken vom Schwein.

Meeresfrüchte

- Garnelen, Krabben, Krebsfleisch, Hummer und frische Muscheln.

Man sollte sie jedoch nicht zu häufig essen, da sich speziell in Muscheln nicht selten Schadstoffe anreichern.

Die Kohlenhydratgruppe

Getreide, Kartoffeln

- Vollkornmehl, alle Vollkornprodukte, Kartoffeln

Brot

- Brot ist keine typische Beilage zu Wok-Gerichten und sollte, wenn überhaupt, nur zu Gerichten aus der Kohlenhydratgruppe gegessen werden.

Nudeln, Reis

- Vollkornnudeln, chinesische Nudeln ohne Ei, Reisnudeln, Glasnudeln, Vollkornreis, Basmatireis, Reispapier

  Reisnudeln, Glasnudeln und Reispapierblätter sind nicht vollwertig. Gegen ihren gelegentlichen Verzehr ist jedoch nichts einzuwenden.

Früchte

- Mürbe Äpfel, Bananen, Feigen, Datteln

  Getrocknetes Obst gehört in der Trennkost ebenfalls zur Kohlenhydratgruppe, da es sehr viel Zucker enthält.

Süßungsmittel

- Honig

  Frutilose, Ahornsirup sowie Apfel- und Birnendicksaft zählen ebenfalls zur Kohlenhydratgruppe. Man sollte sie nur sparsam verwenden. Auf Zucker am besten ganz verzichten.

Getränke

- Bier, Reiswein

Spezielle Zutaten

- Sweet Chili-Sauce und getrocknete Tomaten

Wichtig

- Süßungsmittel können in kleinen Mengen auch zum Würzen und Abschmecken von Eiweißgerichten genommen werden.

Wichtig

- Zum Panieren von Eiweißgerichten kein Mehl verwenden. Alternativen sind: Sesamsamen, Mandelblättchen und gemahlene Nüsse aus der neutralen Gruppe!

Asiatische Lebensmittel

Kokosmilch: Ist neutral und ungesüßt in Konserven erhältlich. Wer sie selber machen möchte, übergießt 200 g Kokosraspel mit 400 ml kochendem Wasser, 5 Min. quellen lassen, dann in ein feines Haarsieb geben und den Kokosbrei fest ausdrücken.

Zitronengras: Verleiht Speisen einen zitronigen Geschmack. Vom schilfähnlichen Gras nur die unteren 5 cm verwenden, da die Fasern beim Kochen nicht weich werden. Ersatz: Kaffirlimettenblätter, Limettenschale und Zitronenmelisse. Zitronengras ist neutral.

Currypasten: Werden zum Aromatisieren von Fleisch, Fisch, Reis und Gemüse verwendet. Die feurig-scharfen Pasten gibt es in Rot, Grün und Gelb im Handel. Sie werden aus Chilischoten und Gewürzen zubereitet und zählen zur neutralen Gruppe.

Sojasaucen: Unterscheiden sich durch Geschmack, Konsistenz und Farbe. So gibt es süßliche und salzige, helle und dunkle Varianten. Sie eignen sich besonders gut zum Marinieren und zum Nachwürzen. Sie sind neutral.

Sambal oelek: Ist eine rote, dickflüssige Würzpaste aus Chilischoten und Salz. Die Paste nur in kleinen Mengen verwenden, da sie extrem scharf ist. Ein guter Ersatz: Chiliflakes oder Cayennepfeffer. Sambal oelek ist neutral.

Ingwer: Eine wichtige Zutat in der chinesischen Küche. Die Wurzel besitzt einen leicht süßlichen, würzig-scharfen Geschmack. Man verwendet sie in kleinen Mengen frisch, eingelegt oder pulverisiert. Ingwer ist neutral.

Grundrezept

Wertvoll und gesund

Neben Weizen ist Reis, das Korn eines Sumpfgewächses, das wichtigste Grundnahrungsmittel. Es gibt weltweit über 10.000 Reisarten. Ungeschälter Reis, also der so genannte Vollkorn- oder Naturreis, ist besonders wertvoll, weil unter dem Silberhäutchen viele lebenswichtige Vitamine und Mineralstoffe stecken, die beim Schälen verloren gehen. Inzwischen wird auch Basmati-Reis als Vollkornreis angeboten.

Kohlenhydrate

Vollkornreis

FÜR 2 PERSONEN

- **100 g Vollkornreis**
  250 ml Wasser
  Meersalz

TIPP

So geht's auch

Den Reis mehrmals überbrausen. Dann mit Wasser bedecken und bei kleiner Hitze ca. 40 Min. kochen lassen. Den Herd ausschalten und den Reis weitere 20 Min. quellen lassen.

1 *Den Reis in einem Sieb mit Wasser überbrausen, bis das Wasser klar abläuft. Dann den Reis mit Wasser bedecken und ca. 8 Std. quellen lassen.*

2 *Den Reis bei starker Hitze im offenen Topf kochen lassen, bis fast die gesamte Flüssigkeit verdampft ist. Dann den Topf mit einem Deckel verschließen.*

3 *Den Reis bei schwächster Hitze ca. 20 Min. ausquellen lassen. Herd ausschalten. Den Reis weitere 10 Min. quellen lassen. Dabei den Deckel nicht abnehmen.*

Saucen, Öle und Gewürzmischungen

5-Gewürze-Mischung:
100 g rote und schwarze Pfefferkörner mit 2 TL Fenchelsamen, 1 Stück Zimtstange (6–8 cm lang), 10 Gewürznelken und 5 Stück Sternanis vermischen und fein mahlen. Die Gewürzmischung in einem verschließbaren Glas aufbewahren.
➤ Diese Gewürzmischung bietet sich zum Marinieren von Fleisch und Gemüse an und ist neutral.

Chilisauce:
1 kleine rote Zwiebel und 1 Knoblauchzehe schälen und fein hacken. 1 kleine rote Chilischote waschen, halbieren und würfeln, dabei die Kerne entfernen. Zwiebel, Knoblauch, Chilischote, die abgezupften Blätter von 5 Stängeln Koriander sowie 1 Prise Meersalz im Mörser fein zerstoßen. Zuletzt 1 EL Öl und 2 EL helle Sojasauce darunter rühren.
➤ Die Chilisauce passt zu Reis, Fisch, Fleisch und zu Gemüse. Sie zählt zur neutralen Gruppe.

Würzöl:
1 kleine rote Chilischote waschen, halbieren und in feine Ringe schneiden, dabei die Kerne entfernen. 2 EL Öl mit 1 EL dunkler Sojasauce, 1/2 TL Sambal oelek und 4 EL Gemüsebrühe verrühren. Zuletzt die Chilischote darunter rühren.
➤ Das Würzöl ist ideal zum Nachwürzen von Reis-, Gemüse-, Fisch- und Fleischgerichten. Es ist neutral.

Ingwer-Sauce:
1 kleine Möhre und 1 Stück frischen Ingwer (ca. 1 cm lang) schälen und fein würfeln. 1 grüne Chilischote waschen, halbieren und fein hacken, dabei die Kerne entfernen. 1 Stängel Zitronengras schälen und das weiße, weiche Innere in feine Streifen schneiden. Alle Zutaten unter 3 EL Austernsauce rühren und eventuell noch mit 2 EL Gemüsebrühe verdünnen.
➤ Die Ingwersauce passt sehr gut zu Fleisch- und Fischgerichten, aber auch zu Reis und Gemüse. Sie gehört zur neutralen Gruppe.

Gemüse

Vielfältig, frisch und farbenfroh präsentiert sich die Auswahl an Gemüse auf asiatischen Märkten. Traditionell wird es fein zerkleinert, im Wok bissfest gebraten und zu Reis, Fleisch oder Fisch serviert. Das ist nicht nur preiswert, sondern auch sehr gesund. Lassen Sie sich überraschen. Gemüse ist neutral und darf daher mit Nahrungsmitteln aus der Eiweiß- und aus der Kohlenhydratgruppe kombiniert werden.

Blitzrezepte

Blumenkohl-Curry

FÜR 2 PERSONEN | neutral

➤ 1 Blumenkohl (ca. 600 g) | 3 Frühlingszwiebeln | 1 EL Öl | 1 TL Honig
1 getrocknete Chilischote | 150 ml Gemüsebrühe | 1 TL Kurkumapulver
1 Msp. Garam Masala | Meersalz

1 | Blumenkohl waschen, putzen und in Röschen teilen. Frühlingszwiebeln waschen und putzen, hellen Teil in Streifen, Grün in Ringe schneiden. Ein Drittel des Grüns beiseite stellen.

2 | Öl im Wok erhitzen. Blumenkohl unter Rühren 4 Min. darin braten. Frühlingszwiebeln, Honig und Chilischote zufügen, 1 Min. weiterbraten. Die Brühe zugießen. Blumenkohl würzen und 10 Min. köcheln lassen. Mit dem übrigem Grün bestreuen.

Möhren in Kokosmilch

FÜR 2 PERSONEN | neutral

➤ 500 g Möhren | 1 Zwiebel
3 EL Kokosraspel | 1 EL Öl
150 ml Kokosmilch (aus der Dose)
1 TL Honig | 2–3 EL helle Sojasauce
1–2 Tropfen Tabasco | Meersalz

1 | Möhren waschen, schälen und in feine Streifen schneiden. Zwiebel schälen und fein hacken. Wok erhitzen. Kokosraspel unter Rühren 1 Min. darin rösten, herausnehmen und beiseite stellen. Öl im Wok erhitzen. Möhren und Zwiebel darin unter Rühren 4–5 Min. braten.

2 | Kokosmilch zugießen. Die Möhren mit Honig, Sojasauce, Tabasco und etwas Salz würzen. Aufkochen lassen und 2 Min. weitergaren. Mit den Kokosraspeln bestreuen.

neutral

Gebratene Pilze

FÜR 2 PERSONEN

- 50 g getrocknete Mu-Err-Pilze
- 250 g Austernpilze
- 250 g kleine Egerlinge
- 2 Frühlingszwiebeln
- 3 Knoblauchzehen
- 1 EL Öl
- 1 TL rote Currypaste
- 2 EL dunkle Sojasauce
- Meersalz
- 1 TL Sesamöl

Einweichen: 30 Min.
Zubereitung: 25 Min.
Pro Portion ca.: 195 kcal

1 | Mu-Err-Pilze in heißem Wasser 30 Min. einweichen. Die Pilze ausdrücken und in Scheiben schneiden, dabei die harten Stiele entfernen. Frische Pilze putzen, Austernpilze in Streifen schneiden, die Egerlinge ganz lassen.

2 | Die Frühlingszwiebeln waschen und putzen, hellen Teil in Streifen, das Grün in Ringe schneiden. Ein Drittel des Grüns beiseite stellen. Den Knoblauch schälen und fein würfeln.

3 | Erst den Wok, dann das Öl darin erhitzen. Mu-Err-Pilze, Austernpilze und Egerlinge zufügen und unter Rühren ca. 5 Min. braten. Frühlingszwiebeln und Knoblauch zugeben und 1 Min. mitbraten, dabei rühren. Die Pilze mit Currypaste, Sojasauce und etwas Meersalz würzen. Mit dem Sesamöl beträufeln und mit dem übrigen Grün bestreuen.

Kohlenhydrate

Kartoffel-Möhren-Curry

FÜR 2 PERSONEN

- 150 g Erbsen (TK)
- 300 g fest kochende Kartoffeln
- 300 g Möhren
- 1 Schalotte
- 1 Stängel Zitronengras
- 2 EL Pinienkerne
- 1 EL Öl
- 200 ml Kokosmilch (aus der Dose)
- 1–2 TL rote Currypaste
- Meersalz
- 1 EL fein gehacktes Koriandergrün (ersatzweise Petersilie)

Zubereitung: 25 Min.
Pro Portion ca.: 330 kcal

1 | Die Erbsen aus dem Frostfach nehmen und antauen lassen. Die Kartoffeln schälen und in 2,5 cm große Würfel schneiden. Möhren waschen, schälen und schräg in Scheiben schneiden. Die Schalotte schälen und fein würfeln. Das Zitronengras putzen, das Ende abschneiden, unteren Teil längs halbieren und mit einem Messer breit klopfen.

2 | Wok erhitzen. Die Pinienkerne unter Rühren 1–2 Min. darin rösten, herausnehmen und beiseite stellen. Das Öl im Wok erhitzen. Kartoffeln, Möhren und Erbsen zufügen und 4–5 Min. unter Rühren darin braten.

3 | Schalotte zugeben und 1 Min. mitbraten, dabei rühren. Kokosmilch zugießen. Das Gemüse mit Zitronengras, Currypaste und etwas Salz würzen. Die Hitze reduzieren und alles zugedeckt 7–8 Min. köcheln lassen. Das Zitronengras entfernen und das Gemüse mit den Pinienkernen und dem Koriandergrün bestreuen.

im Bild hinten: **Kartoffel-Möhren-Curry** *im Bild vorne:* **Gebratene Pilze**

Eiweiß

Gebratener Rosenkohl mit Ei

FÜR 2 PERSONEN

- **300 g Rosenkohl**
- **1 Zwiebel**
- **1–2 Knoblauchzehen**
- **1 EL Öl**
- **1 Msp. gemahlener Kreuzkümmel**
- **Meersalz**
- **4 Eier**
- **2 EL Mineralwasser**
- **1 rote Chilischote**

Zubereitung: 25 Min.
Pro Portion ca.: 270 kcal

1 | Den Rosenkohl waschen und putzen. Zwiebel und Knoblauch schälen, beides fein hacken. Erst den Wok, dann das Öl darin erhitzen. Rosenkohl zugeben und unter Rühren 5 Min. braten. Die Zwiebel und den Knoblauch zufügen und 1 Min. mitbraten, dabei rühren.

2 | Rosenkohl mit Kreuzkümmel und etwas Salz würzen. 4 EL Wasser zugießen und das Gemüse zugedeckt 5 Min. köcheln lassen. Den Deckel abnehmen und die Flüssigkeit völlig verdampfen lassen.

3 | Die Eier mit dem Mineralwasser verquirlen und mit Salz leicht würzen. Über den Rosenkohl gießen und bei geringer Hitze stocken lassen. Chilischote waschen, putzen und in feine Ringe schneiden, dabei die Kerne entfernen. Zuletzt darüber streuen.

Eiweiß

Omeletts mit Paprikagemüse

FÜR 2 PERSONEN

- **2 rote Paprikaschoten**
- **3 Frühlingszwiebeln**
- **2 EL Öl**
- **1–2 TL rote Currypaste**
- **1–2 EL helle Sojasauce**
- **Meersalz**
- **4 Eier**
- **4 EL Mineralwasser**

Zubereitung: 25 Min.
Pro Portion ca.: 335 kcal

1 | Paprikaschoten waschen, halbieren, putzen und in feine Streifen schneiden. Die Frühlingszwiebeln waschen und putzen, hellen Teil in Streifen, Grün in Ringe schneiden.

2 | Zuerst den Wok, dann 1 EL Öl darin erhitzen. Paprikaschoten zufügen und unter Rühren 4 Min. braten. Frühlingszwiebeln zugeben und 1 Min. mitbraten, dabei rühren. Das Paprikagemüse mit Currypaste, Sojasauce und etwas Salz würzen, herausnehmen und warm stellen.

3 | Die Eier mit dem Mineralwasser verquirlen und mit Salz leicht würzen. Etwas Öl im Wok erhitzen. Ein Viertel der Eiermasse zugießen und bei schwacher Hitze stocken lassen, dabei den Wok rasch drehen. Sobald das Omelett auf der unteren Seite gestockt und oben noch etwas cremig ist, 2 EL Paprikagemüse auf einer Omeletthälfte verteilen und die andere darüber klappen. Auf einen Teller gleiten lassen und warm halten.

4 | Aus der restlichen Eiermasse mit dem übrigen Öl drei weitere Omeletts zubereiten und mit je 2 EL Gemüse füllen. Die Omeletts mit dem restlichen Paprikagemüse servieren.

im Bild hinten: **Omeletts mit Paprikagemüse** *im Bild vorne:* **Gebratener Rosenkohl mit Ei** ➤

Eiweiß

Apfel-Lauch

FÜR 2 PERSONEN

➤ **500 g Lauch**
1 großer säuerlicher Apfel
40 g Cashewkerne
1 EL Öl | 1 TL Honig
1 EL Limettensaft
1 TL gelbe Currypaste
1 Msp. Cayennepfeffer

Zubereitung: 25 Min.
➤ Pro Portion ca.: 245 kcal

1 | Den Lauch putzen, längs aufschneiden, gründlich waschen und in dünne Ringe schneiden. Apfel waschen, halbieren, entkernen und mitsamt der Schale in dünne Spalten schneiden.

2 | Den Wok erhitzen. Die Cashewkerne unter Rühren 1 Min. darin rösten, herausnehmen und beiseite stellen.

3 | Öl im Wok erhitzen. Den Lauch darin unter Rühren 3 Min. braten. Apfelspalten untermischen, alles 3 Min. weiterbraten, dabei rühren. Den Apfel-Lauch mit Honig, Limettensaft, Currypaste und Cayennepfeffer würzen. Mit den Cashewkernen bestreuen.

Kohlenhydrate

Frühlingsrollen mit Sprossen

FÜR 2 PERSONEN

➤ **80 g Sojabohnensprossen**
1 große Möhre
2 Frühlingszwiebeln
1 Stück frischer Ingwer (ca. 1 cm lang)
1 EL Öl
1 TL rote Currypaste
1 TL Honig
Meersalz
6 runde Reispapierblätter (à 22 cm ∅)
1 EL Mehl
3 EL dunkle Sojasauce

Zubereitung: 30 Min.
➤ Pro Portion ca.: 195 kcal

1 | Die Sprossen verlesen, waschen und gut abtropfen lassen. Die Möhre waschen, schälen und in feine Streifen schneiden. Frühlingszwiebeln waschen und putzen, hellen Teil in Streifen, Grün in Ringe schneiden. Ingwer schälen und fein hacken.

2 | Zuerst den Wok, dann das Öl darin erhitzen. Sprossen und Möhre zugeben, unter Rühren 3 Min. braten. Frühlingszwiebeln und Ingwer zufügen, 1 Min. mitbraten, dabei rühren. Das Gemüse mit Currypaste, Honig und Salz würzen, herausnehmen und abkühlen lassen.

3 | Reispapierblätter einzeln in warmes Wasser tauchen, dabei weich werden lassen. Dann nebeneinander auf ein feuchtes Küchentuch legen. Das Mehl mit 1 EL Wasser zu einer Paste verrühren.

4 | Jeweils 3 EL Gemüsefüllung auf die einzelnen Reispapierblätter geben. Die Seiten einschlagen, dann fest aufrollen. Enden mit etwas Mehlpaste verschließen. Röllchen in einen Dämpfkorb legen. Wok 5 cm hoch mit Wasser füllen und bei starker Hitze zum Kochen bringen. Den Dämpfkorb in den Wok setzen und die Rollen zugedeckt 10 Min. dämpfen. Die Sojasauce dazu servieren.

➤ Dazu passt auch die Chilisauce von Seite 11

im Bild hinten: **Apfel-Lauch** *im Bild vorne:* **Frühlingsrollen mit Sprossen** ➤

neutral

Mangold mit Pilzen

FÜR 2 PERSONEN

- 250 g Mangold
- 150 g Shiitake-Pilze (ersatzweise Austernpilze)
- 2 Knoblauchzehen
- 1 rote Chilischote
- 1 EL Sesamsamen
- 1 EL Öl
- 2–3 EL helle Sojasauce
- Meersalz

Zubereitung: 25 Min.
Pro Portion ca.: 325 kcal

1 | Den Mangold waschen und putzen. Die Stiele herausschneiden und ganz fein hacken. Die Blätter in 2 cm breite Streifen schneiden. Die Pilze putzen und in Scheiben schneiden. Den Knoblauch schälen und fein würfeln. Die Chilischote putzen, waschen und in feine Ringe schneiden, dabei die Kerne entfernen.

2 | Den Wok erhitzen. Den Sesam unter Rühren 1 Min. darin rösten, herausnehmen und beiseite stellen. Das Öl im Wok erhitzen. Mangoldstiele und Pilze zugeben und unter Rühren 5 Min. braten.

3 | Knoblauch, Chilischote und Mangoldblätter zufügen und das Gemüse weitere 5 Min. braten, dabei rühren. Zuletzt mit Sojasauce und etwas Salz würzen und mit dem Sesam bestreuen.

TIPP Zum Eiweißgericht wird das Mangoldgemüse mit gebratenem Fleisch oder gegrilltem Fisch, zum Kohlenhydratgericht mit körnig gekochtem Vollkornreis.

Eiweiß

Weißkohl mit Wurst

FÜR 2 PERSONEN

- 4 Geflügelwürstchen (à 50 g)
- 1 Weißkohl (ca. 500 g)
- 1 rote Paprikaschote
- 1 Zwiebel
- 1 EL Öl
- 1 TL Kümmelsamen
- 1 TL edelsüßes Paprikapulver
- Meersalz
- 100 g saure Sahne

Zubereitung: 25 Min.
Pro Portion ca.: 280 kcal

1 | Die Würstchen in 1 cm dicke Scheiben schneiden. Weißkohl waschen, putzen und halbieren. Den harten Strunk herausschneiden und den Kohl in feine Streifen schneiden. Die Paprikaschote waschen, halbieren, putzen und in feine Streifen schneiden. Die Zwiebel schälen und fein würfeln.

2 | Zuerst den Wok, dann das Öl darin erhitzen. Die Wurstscheiben 2 Min. darin anbraten, herausnehmen und beiseite stellen.

3 | Kohl, Paprikaschote und Zwiebel zufügen und unter Rühren 5 Min. braten. Die Wurstscheiben untermischen und das Gemüse mit Kümmel, Paprikapulver und etwas Meersalz würzen. Mit saurer Sahne anrichten.

TIPP Ersetzen Sie den Weißkohl zur Abwechslung durch zarten Sommerwirsing. Diesen ebenfalls waschen, putzen, halbieren und in feine Streifen schneiden.

im Bild hinten: **Weißkohl mit Wurst** *im Bild vorne:* **Mangold mit Pilzen** ➤

Eiweiß

Ratatouille-Tofu-Gemüse

FÜR 2 PERSONEN

- 200 g Tofu
- 2 Zucchini (ca. 300 g)
- 1 Aubergine | 1 Zwiebel
- 2 Knoblauchzehen
- 4 reife Tomaten | 2 EL Öl
- 150 ml Kokosmilch (aus der Dose)
- 1 EL Austernsauce
- 1–2 TL rote Currypaste
- 1 Msp. gemahlener Kreuzkümmel
- Meersalz
- 1 EL fein gehacktes Koriandergrün (ersatzweise Petersilie)

Zubereitung: 30 Min.
Pro Portion ca.: 295 kcal

1 | Tofu abtropfen lassen und würfeln. Zucchini waschen, putzen und in dicke Scheiben schneiden. Die Aubergine waschen, putzen, würfeln. Die Zwiebel und den Knoblauch schälen, beides fein hacken. Stielansätze der Tomaten entfernen. Tomaten überbrühen, häuten und grob würfeln.

2 | Öl im Wok erhitzen. Tofu unter Rühren 2 Min. braten, herausnehmen und beiseite stellen. Zucchini und Aubergine zufügen, unter Rühren 5 Min. braten. Zwiebel und Knoblauch zugeben, 2 Min. mitbraten, dabei rühren.

3 | Tomaten und Kokosmilch zufügen und alles unter Rühren 2 Min. weiterbraten. Das Gemüse mit Austernsauce, Currypaste, Kreuzkümmel und etwas Salz würzen. Den Tofu untermischen und mit dem Koriander bestreuen.

Eiweiß

Selleriegemüse

FÜR 2 PERSONEN

- 2 EL Rosinen
- 1 Stück frischer Ingwer (ca. 1 cm lang)
- 1 Knollensellerie (ca. 400 g)
- 2 große Orangen
- 12 geschälte Mandeln
- 1 EL Öl | 2 EL Sahne
- 1 TL Honig
- 1–2 TL Currypulver
- 1–2 EL Sweet Chilisauce
- 1 Msp. Cayennepfeffer
- Meersalz

Zubereitung: 30 Min.
Pro Portion ca.: 260 kcal

1 | Rosinen mit kochendem Wasser übergießen. 5 Min. ziehen lassen, dann abgießen. Den Ingwer schälen und fein hacken. Den Sellerie waschen, schälen und in feine Streifen schneiden. Von 1 Orange die Schale abschneiden, die Zwischenhäute einschneiden und die Filets herauslösen. Die zweite Orange halbieren und den Saft auspressen.

2 | Wok erhitzen. Mandeln unter Rühren 1 Min. darin rösten, herausnehmen und beiseite stellen. Öl im Wok erhitzen. Ingwer zugeben, 30 Sek. braten, dabei rühren. Sellerie zufügen. Bei starker Hitze 3–4 Min. mitbraten.

3 | Orangensaft und Sahne unterrühren. Mit Honig, Currypulver, Chilisauce, Cayennepfeffer und etwas Salz würzen. Orangenfilets untermischen, alles 1 Min. weiterbraten. Mit Rosinen und Mandeln bestreuen.

TIPP
Reichen Sie den Sellerie als Beilage zu rosa gebratener Putenbrust oder in Butter gebratenen Schollenfilets.

im Bild hinten: **Selleriegemüse** *im Bild vorne:* **Ratatouille-Tofu-Gemüse**

Reis & Nudeln

Diese Grundnahrungsmittel sind ideal für kräftige Suppen und leicht sättigende Gerichte. Ihren Pfiff erhalten sie durch die Gewürzmischung. Hier können Sie ganz nach Gusto abschmecken, je nachdem, ob Sie es lieber mild oder richtig scharf mögen. Reis und Nudeln zählen im Rahmen der Trennkost zur Kohlenhydratgruppe, sollten also nur mit neutralen Nahrungsmitteln kombiniert werden.

Blitzrezepte

Gemüsesuppe mit Reis

FÜR 2 PERSONEN | Kohlenhydrate

➤ 1 Frühlingszwiebel | 1 große Möhre
200 g Thai-Spargel (ersatzweise grüne Spargelstangen) | 125 g Zuckerschoten
1 EL Öl | Meersalz | schwarzer Pfeffer
450 ml Gemüsebrühe | 300 g gekochter Vollkornreis (vom Vortag)

1 | Frühlingszwiebel waschen und putzen, hellen Teil in Streifen, das Grün in Ringe schneiden. Grün beiseite stellen. Die Möhre waschen, schälen und in feine Streifen schneiden. Übriges Gemüse waschen und putzen. Öl im Wok erhitzen. Das Gemüse zugeben, unter Rühren 3–4 Min. braten.

2 | Gemüse mit Salz und Pfeffer würzen. Brühe zugießen, Reis unterrühren, aufkochen lassen. Mit dem Grün bestreuen.

Reisnudelsuppe

FÜR 2 PERSONEN | Kohlenhydrate

➤ 125 g Reisnudeln | 300 g Brokkoli
1 EL Öl | 350 ml Gemüsebrühe
1/8 l Kokosmilch (aus der Dose)
1 TL rote Currypaste | 2 EL helle Sojasauce | 1 Msp. Cayennepfeffer

1 | Reisnudeln in eine Schüssel geben, mit heißem Wasser übergießen und ca. 5 Min. quellen lassen. Abgießen und in Stücke schneiden. Brokkoli waschen, putzen und in Röschen teilen. Röschen halbieren. Die Brokkolistiele schälen und fein hacken.

2 | Öl im Wok erhitzen. Brokkoli zufügen, unter Rühren 1 Min. braten. Brühe und Kokosmilch zugießen, 2 Min. köcheln lassen. Nudeln unterrühren. Mit Currypaste, Sojasauce und Cayennepfeffer würzen.

Kohlenhydrate

Gemüse-Pilaw

FÜR 2 PERSONEN

- 100 g Vollkornreis
  Meersalz
  3 EL Erbsen (TK)
  1 Zwiebel
  1 Stange Lauch
  1 rote Paprikaschote
  1 EL Öl
  1/2 Döschen Safran
  1 EL Würzöl (siehe Seite 11)
  1 EL fein gehacktes Koriandergrün (ersatzweise Petersilie)

Quellzeit: 45 Min.
Zubereitung: 20 Min.
Pro Portion ca.: 305 kcal

1 | Reis in einen Topf geben, mit leicht gesalzenem Wasser bedecken und bei schwacher Hitze 30 Min. köcheln lassen. Herd ausschalten und den Reis weitere 15 Min. quellen lassen. Erbsen antauen lassen.

2 | Zwiebel schälen und grob hacken. Lauch putzen, längs halbieren, gründlich waschen und in Ringe schneiden. Die Paprikaschote halbieren, putzen, waschen und würfeln.

3 | Das Öl im Wok erhitzen. Die Zwiebel, den Lauch, die Paprikaschote und die Erbsen zufügen und unter Rühren 4 Min. braten. Den Reis und den Safran unterrühren. Mit Würzöl abschmecken und mit Koriander bestreuen.

Kohlenhydrate

Reis mit Kohlrabi und Pilzen

FÜR 2 PERSONEN

- 120 g Vollkornreis
  Meersalz
  1 Zwiebel
  2 junge Kohlrabi (à ca. 200 g)
  100 g Champignons
  1 EL Öl
  1 TL Kurkumapulver
  1–2 TL gelbe Currypaste
  schwarzer Pfeffer
  4 EL Austernsauce
  1 EL fein gehacktes Koriandergrün (ersatzweise Petersilie)

Quellzeit: 45 Min.
Zubereitung: 20 Min.
Pro Portion ca.: 350 kcal

1 | Reis in einen Topf geben, mit leicht gesalzenem Wasser bedecken und bei schwacher Hitze 30 Min. köcheln lassen. Herd ausschalten und den Reis weitere 15 Min. quellen lassen.

2 | Zwiebel schälen und fein hacken. Kohlrabi waschen, schälen und in kleine Würfel schneiden. Pilze putzen und in Scheiben schneiden.

3 | Zuerst den Wok, dann das Öl darin erhitzen. Zwiebel, Kohlrabi und Pilze zufügen und unter Rühren 4–5 Min. braten. Das Gemüse mit Kurkuma, Currypaste, Salz und Pfeffer würzen. Den Reis unterrühren, kurz miterhitzen und alles mit Austernsauce abschmecken. Mit dem Koriander bestreuen.

TIPP

Für beide Gerichte kann man den Reis schon am Abend vorher kochen. Den Reis gut abkühlen lassen und zugedeckt kühl stellen. Vor dem Verwenden mit einer Gabel auflockern.

im Bild hinten: **Reis mit Kohlrabi und Pilzen** *im Bild vorne:* **Gemüse-Pilaw**

Kohlenhydrate

Safran-Reis mit Sprossen

FÜR 2 PERSONEN

- 3 Frühlingszwiebeln
- 3 Stangen Staudensellerie
- 1 rote Paprikaschote
- 1 rote Chilischote
- 125 g Basmati-Reis
- 1 EL Öl
- 1/2 Döschen Safran
- 350 ml Gemüsebrühe
- 60 g Sojabohnensprossen
- Meersalz
- schwarzer Pfeffer

Zubereitung: 35 Min.
Pro Portion ca.: 345 kcal

1 | Frühlingszwiebeln putzen und waschen, hellen Teil in Streifen, das Grün in Ringe schneiden. Sellerie putzen, waschen und in Scheiben schneiden. Die Paprikaschote waschen, halbieren, putzen und in feine Streifen schneiden. Die Chilischote putzen, waschen und in feine Ringe schneiden, dabei die Kerne entfernen. Reis überbrausen und gut abtropfen lassen.

2 | Das Öl im Wok erhitzen. Die Frühlingszwiebeln, den Sellerie, die Paprikaschote und die Chilischote zufügen und 2–3 Min. braten, dabei rühren. Reis zugeben und unter Rühren glasig werden lassen. Safran untermischen. Brühe zugießen. Reis zugedeckt 15 Min. quellen lassen.

3 | Sprossen verlesen und waschen. Auf dem Reis verteilen, mit Salz und Pfeffer würzen. Zugedeckt weitere 5 Min. quellen lassen.

Kohlenhydrate

Gewürzreis mit Früchten

FÜR 2 PERSONEN

- 1 Zwiebel
- 1 kleine Stange Lauch
- 4 Gewürznelken
- 2 grüne Kardamomkapseln
- 1/2 Stange Zimt
- 1 EL Öl | 120 g Basmatireis
- 350 ml Gemüsebrühe
- Meersalz
- 1 großer mürber Apfel
- 1 feste Banane
- 1 EL gehackte Pistazien

Zubereitung: 25 Min.
Pro Portion ca.: 415 kcal

1 | Zwiebel schälen und fein würfeln. Lauch putzen, längs aufschneiden, gründlich waschen und in dünne Ringe schneiden. Die Gewürze in ein Gewürzsäckchen oder in ein großes Tee-Ei geben. Zuerst den Wok, dann das Öl darin erhitzen. Zwiebel und Lauch zufügen und 5 Min. unter Rühren braten. Reis unterrühren. Brühe zugießen und das Gewürzsäckchen oder das Tee-Ei hinzufügen. Reis mit etwas Salz würzen, aufkochen und zugedeckt ca. 15 Min. köcheln lassen. Das Gewürzsäckchen oder das Tee-Ei entfernen.

2 | Apfel waschen, halbieren, entkernen und mitsamt der Schale in Spalten schneiden. Banane schälen und schräg in dünne Scheiben schneiden. Apfel und Banane 3 Min. vor Ende der Garzeit unter den Reis mischen. Den Reis mit den Pistazien bestreuen.

TIPP Wenn Sie die Gewürze in ein Gewürzsäckchen geben, müssen Sie sie nicht einzeln aus dem Reis „fischen".

im Bild hinten: **Safran-Reis mit Sprossen** *im Bild vorne:* **Gewürzreis mit Früchten**

■ Kohlenhydrate

Auberginen-Pilaw

FÜR 2 PERSONEN

- 40 g getrocknete, in Öl eingelegte Tomaten
- 2 dünne längliche Auberginen (à 200 g)
- 2–3 Knoblauchzehen
- 2 EL Pinienkerne
- 2 EL Öl
- 1 TL Sambal oelek
- 1 Msp. gemahlener Kreuzkümmel
- Meersalz
- schwarzer Pfeffer
- 400 g gekochter Vollkornreis (vom Vortag)
- Basilikumblätter

Zubereitung: 20 Min.
Pro Portion ca.: 455 kcal

1 | Die Tomaten fein würfeln. Auberginen waschen, putzen und in 1 cm dicke Scheiben schneiden. Den Knoblauch schälen und fein hacken. Den Wok erhitzen. Die Pinienkerne unter Rühren 1/2 Min. darin rösten, herausnehmen und beiseite stellen.

2 | Das Öl im Wok erhitzen. Die Tomaten, die Auberginen und Knoblauch unter Rühren 6 Min. darin braten. Gemüse mit Sambal oelek, Kreuzkümmel, Salz und Pfeffer würzen. Reis unterrühren, kurz miterhitzen. Mit den Pinienkernen und Basilikum bestreuen.

TIPP Nehmen Sie anstelle von Basilikumblättern zur Abwechslung ein paar frische Blätter Pfefferminze, Zitronenmelisse oder -thymian.

■ Kohlenhydrate

Nudeln mit gemischten Pilzen

FÜR 2 PERSONEN

- 160 g schmale Bandnudeln
- Meersalz
- 1 TL Öl
- 250 g Champignons
- 125 g Shiitake-Pilze
- 1 EL Butter
- 1 EL feines Vollkornmehl
- 180 ml Gemüsebrühe
- 5 EL Sahne
- schwarzer Pfeffer
- 1 EL fein gehackte Petersilie

Zubereitung: 25 Min.
Pro Portion ca.: 690 kcal

1 | Nudeln nach Packungsanleitung in Salzwasser bissfest garen, abgießen, abtropfen lassen und mit dem Öl vermischen. Pilze putzen und in Scheiben schneiden.

2 | Butter im Wok schmelzen lassen. Pilze unter Rühren 3 Min. darin braten. Mit dem Mehl bestäuben. Brühe zugießen und kurz aufkochen lassen. Sahne unterrühren. Die Pilze mit etwas Salz und Pfeffer würzen. Die Nudeln untermischen und kurz miterhitzen. Mit der Petersilie bestreuen.

TIPP Dazu passt ein bunt gemischter Blattsalat. Den Salat mit Salz und Pfeffer würzen und mit etwas Obstessig und Maiskeimöl beträufeln.

◄ *im Bild hinten:* **Auberginen-Pilaw** *im Bild vorne:* **Nudeln mit gemischten Pilzen**

■ Kohlenhydrate

Nudeln in Curry-Kokos-Sauce

FÜR 2 PERSONEN

- **125 g feine Reisnudeln**
- **1 Zwiebel**
- **1 rote Chilischote**
- **1 rote Paprikaschote**
- **2 Zucchini (ca. 300 g)**
- **2 EL Öl**
- **200 ml Kokosmilch (aus der Dose)**
- **1–2 TL rote Currypaste**
- **1–2 EL helle Sojasauce**
- **Meersalz**
- **schwarzer Pfeffer**

Zubereitung: 25 Min.
Pro Portion ca.: 390 kcal

1 | Die Reisnudeln nach Packungsanleitung in leicht kochendem Wasser garen, abgießen und kalt abspülen. Die Zwiebel schälen und in dünne Scheiben hobeln. Die Chilischote putzen, waschen und in feine Ringe schneiden, dabei die Kerne entfernen. Die Paprikaschote waschen, halbieren, putzen und in feine Streifen schneiden. Zucchini putzen, waschen und der Länge nach in dünne Streifen schneiden.

2 | Das Öl im Wok erhitzen. Die Zwiebel, die Chilischote, die Paprikaschote und die Zucchini zugeben und unter Rühren 3 Min. braten, an den Rand schieben. Kokosmilch mit 50 ml Wasser vermischen, zugießen, einmal aufkochen lassen. Das Gemüse und die Nudeln darunter rühren. Mit Currypaste, Sojasauce, Salz und Pfeffer würzen.

■ Kohlenhydrate

Gemüsenudeln

FÜR 2 PERSONEN

- **160 g mitteldicke chinesische Nudeln (ohne Ei)**
- **1 1/2 EL Öl**
- **1 große Möhre**
- **100 g Okraschoten (ersatzweise Zuckerschoten)**
- **150 g Pak Choi (ersatzweise Spinat)**
- **2 Knoblauchzehen**
- **1 Stück frischer Ingwer (ca. 1 cm lang)**
- **1 TL Sambal oelek**
- **1 Msp. Cayennepfeffer**
- **Meersalz**
- **2–3 EL Gemüsebrühe**
- **2 EL helle Sojasauce**

Zubereitung: 30 Min.
Pro Portion ca.: 430 kcal

1 | Nudeln nach Packungsanweisung knapp bissfest garen, abgießen, abtropfen lassen und mit 1 TL Öl vermischen.

2 | Möhre waschen, putzen, vierteln und in dünne Stifte schneiden. Die Okraschoten putzen und waschen. Den Pak Choi putzen, waschen und in Streifen schneiden. Knoblauch und Ingwer schälen, dann beides fein würfeln.

3 | Zuerst den Wok, dann das restliche Öl darin erhitzen. Möhre, Okraschoten, Pak Choi, Knoblauch und Ingwer zufügen und unter Rühren 3–4 Min. braten. Mit Sambal oelek, Cayennepfeffer und etwas Salz würzen. Die Brühe zugießen. Das Gemüse 2 Min. köcheln lassen. Nudeln unterrühren und kurz miterhitzen. Mit Sojasauce abschmecken.

TIPP

Die grünen Okraschoten sind kegelförmig und mit einem feinen Flaum bedeckt. Ihr Geschmack ist mild bis herb. Bei Pak Choi handelt es sich um eine Kohlart, die optisch an Mangold erinnert.

im Bild hinten: **Nudeln in Curry-Kokos-Sauce** *im Bild vorne:* **Gemüsenudeln**

Kohlenhydrate

Reisnudeln mit Bohnengemüse

FÜR 2 PERSONEN

- **150 g feine Reisnudeln**
- **1 1/2 EL Öl**
- **300 g grüne Bohnen**
- **Meersalz**
- **1 Stange Lauch**
- **1 rote Paprikaschote**
- **1 Knoblauchzehe**
- **1 Stück frischer Ingwer (ca. 1 cm lang)**
- **1 EL Mandelstifte**
- **1–2 EL Chili-Bohnen-Sauce**
- **1 EL fein gehacktes Koriandergrün (ersatzweise Petersilie)**

Zubereitung: 30 Min.

Pro Portion ca.: 430 kcal

1 | Reisnudeln mit kochendem Wasser übergießen und ca. 10 Min. ziehen lassen, abgießen, abtropfen lassen und mit 1 TL Öl vermischen. Die Bohnen waschen, putzen und in ca. 3 cm lange Stücke schneiden. Dann die Bohnen in leicht gesalzenem Wasser zum Kochen bringen und in 5 Min. knapp bissfest garen, abgießen und gut abtropfen lassen.

2 | Den Lauch putzen, längs aufschneiden, gründlich waschen und in dünne Ringe schneiden. Die Paprikaschote halbieren, putzen, waschen und in feine Streifen schneiden. Knoblauch und Ingwer schälen, beides fein hacken.

3 | Das restliche Öl im Wok erhitzen. Die Mandelstifte zufügen und 20 Sek. rösten, dabei rühren. Bohnen, Lauch, Paprikaschote, Knoblauch und Ingwer zugeben, unter Rühren 4 Min. braten. Das Gemüse an den Rand schieben. Die Reisnudeln in den Wok geben und 2 Min. darin braten, dabei rühren. Das Gemüse untermischen und die Nudeln mit der Chili-Bohnen-Sauce abschmecken. Mit Koriander bestreuen.

Kohlenhydrate

Nudeln mit Spinat

FÜR 2 PERSONEN

- **160 g breite Bandnudeln**
- **Meersalz**
- **1 TL Sesamöl**
- **30 g getrocknete, in Öl eingelegte Tomaten**
- **400 g Blattspinat**
- **2–3 Knoblauchzehen**
- **1 EL Öl**
- **2 EL Pinienkerne**
- **2 EL Sahne**
- **1/2 TL frisch geriebene Muskatnuss**

Zubereitung: 25 Min.

Pro Portion ca.: 525 kcal

1 | Nudeln nach Packungsanleitung in reichlich Salzwasser bissfest garen, dann abgießen, abtropfen lassen und mit dem Sesamöl vermischen. Tomaten in feine Streifen schneiden. Spinat verlesen und waschen. Den Knoblauch schälen und fein hacken.

2 | Das Öl im Wok erhitzen. Die Pinienkerne zufügen und ca. 1 Min. darin goldbraun rösten, dabei rühren. Die Tomaten, den Spinat und den Knoblauch dazugeben und unter Rühren 2–3 Min. braten. Die Sahne zugießen und alles 1 Min. weitererhitzen. Das Gemüse mit etwas Salz und Muskatnuss würzen. Die Nudeln untermischen und kurz miterhitzen.

im Bild hinten: **Reisnudeln mit Bohnengemüse** *im Bild vorne:* **Nudeln mit Spinat**

Fleisch & Geflügel

Fleisch und Geflügel wird in Asien nur in kleinen Mengen, dafür mit umso mehr Gemüse verzehrt. Wenn Sie das Fleisch vorher noch in Würzöl oder Würzsauce marinieren, wird es besonders zart. Die idealen Begleiter sind Sojasaucen oder Chili-Dips. Fleisch und Geflügel gehören zur Eiweißgruppe und sollten daher nur mit Nahrungsmitteln aus der neutralen Gruppe kombiniert werden – am besten mit Salat oder Gemüse.

Blitzrezepte

Paprikagemüse mit Rinderhack

FÜR 2 PERSONEN | Eiweiß

➤ 1 Zwiebel | 2 rote Paprikaschoten
1 grüne Paprikaschote | 1 EL Öl
300 g Rinderhackfleisch | 2 EL
Tomatenmark | 100 ml Gemüsebrühe
1 TL Sambal oelek | 1–2 TL edelsüßes
Paprikapulver | Meersalz
3 EL fein gehackte Petersilie

1 | Die Zwiebel schälen und fein hacken. Die Paprikaschoten halbieren, putzen, waschen und in grobe Würfel schneiden.

2 | Öl im Wok erhitzen. Hackfleisch und Zwiebel zufügen und unter Rühren 2 Min. braten. Paprikas und Tomatenmark unterrühren. Brühe zugießen, würzen, 5 Min. weitererhitzen. Mit Petersilie bestreuen.

Hähnchen mit Chinakohl

FÜR 2 PERSONEN | Eiweiß

➤ 300 g Hähnchenbrustfilet
1 Knoblauchzehe | 1 rote Chilischote
2–3 EL trockener Sherry | Meersalz
schwarzer Pfeffer | 1 Chinakohl
(ca. 400 g) | 1 EL Öl | 2 helle Sojasauce

1 | Hähnchenbrust in Streifen schneiden. Knoblauch schälen und fein hacken. Chili in Ringe schneiden. Knoblauch, Chili, Sherry, Salz und Pfeffer verrühren. Hähnchenbrust 20 Min. darin ziehen lassen.

2 | Chinakohl putzen, waschen und in Streifen schneiden. Öl im Wok erhitzen. Hähnchenbrust 2–3 Min. darin braten. Chinakohl zugeben und 1 Min. mitbraten. Mit Sojasauce, Salz und Pfeffer würzen.

Eiweiß

Satéspießchen

FÜR 2 PERSONEN

- **3 EL helle Sojasauce**
- **1 EL Limettensaft (ersatzweise Zitronensaft)**
- **1 EL Sesamöl**
- **1 TL Sambal oelek**
- **300 g Hähnchenbrustfilet**
- **1 Frühlingszwiebel**
- **2 EL Öl**

Marinierzeit: 2 Std.
Zubereitung: 20 Min.
Pro Portion ca.: 315 kcal

1 | Sojasauce, Limettensaft, Sesamöl und Sambal oelek zu einer Marinade verrühren. Die Hähnchenbrust quer zur Faser in 5 cm lange Streifen schneiden und auf 8 Holzspieße ziehen. Mit der Marinade bestreichen und 2 Std. zugedeckt im Kühlschrank ziehen lassen.

2 | Frühlingszwiebel waschen und putzen, hellen Teil in Scheiben, das Grün in Ringe schneiden. Zuerst den Wok, dann das Öl darin erhitzen. Spießchen in zwei Portionen ca. 2 Min. rundum goldbraun braten. Mit der Frühlingszwiebel bestreuen.

➤ Dazu passt die Chilisauce oder auch das Würzöl von Seite 11.

TIPP

Reichen Sie dazu einen Weißkohl-Karotten-Salat. Das Gemüse waschen. Die Karotten schälen. Den Kohl halbieren, Strunk herausschneiden. Gemüse in feine Streifen schneiden, würzen und mit etwas Obstessig und Öl beträufeln. Mit geröstetem Sesam bestreuen.

Eiweiß

Hähnchen mit Mango

FÜR 2 PERSONEN

- **300 g Hähnchenbrustfilet**
- **1 Frühlingszwiebel**
- **1 Mango**
- **1 EL Öl**
- **90 ml Gemüsebrühe**
- **50 ml trockener Weißwein**
- **1 TL Honig**
- **1 TL Currypulver**
- **1 Msp. Cayennepfeffer**
- **Meersalz**
- **3 EL Sahne**

Zubereitung: 25 Min.
Pro Portion ca.: 365 kcal

1 | Die Hähnchenbrust quer zur Faser in dünne Streifen schneiden. Frühlingszwiebel waschen und putzen, hellen Teil in Streifen, Grün in Ringe schneiden. Mango schälen. Das Fruchtfleisch vom Kern schneiden und in feine Spalten schneiden.

2 | Zuerst den Wok, dann das Öl darin erhitzen. Hähnchenbrust zufügen und ca. 2 Min. unter Rühren braten, an den Rand schieben. Frühlingszwiebel zugeben und 1 Min. braten, dabei rühren. Hähnchenbrust und Mangospalten unterrühren.

3 | Brühe und Wein zugießen und 3 Min. einkochen lassen. Das Gericht mit dem Honig, Currypulver, Cayennepfeffer und Salz würzen. Zuletzt die Sahne unterrühren.

TIPP

Ersetzen Sie das Hähnchenbrustfilet durch Putenbrustfilet und nehmen Sie anstelle von Mango 1/2 frische Ananas. Diese in dünne Scheiben schneiden.

◄ *im Bild hinten:* **Satéspießchen** *im Bild vorne:* **Hähnchen mit Mango**

Eiweiß

Pute mit Früchten

FÜR 2 PERSONEN

- 300 g Putenbrustfilet
- 1 dicke Scheibe Ananas (ca. 300 g) | 8 Lychees
- 50 g Sojabohnensprossen
- 1 EL Öl
- 100 ml frisch gepresster Orangensaft
- 3 EL Sahne
- 1/2 TL Sambal oelek
- Meersalz | 1 EL eingelegte grüne Pfefferkörner

Zubereitung: 25 Min.
Pro Portion ca.: 350 kcal

1 | Putenbrust quer zur Faser in dünne Streifen schneiden. Ananas schälen, vom harten Strunk befreien und würfeln. Lychees schälen, halbieren und entsteinen. Die Sprossen verlesen, waschen und gut abtropfen lassen.

2 | Das Öl im Wok erhitzen. Die Putenbrust zufügen und unter Rühren 3 Min. braten. Ananas, Lychees und die Sprossen unterrühren, alles 1/2 Min. weiterbraten. Den Orangensaft und die Sahne zugießen, kurz aufkochen lassen. Die Putenbrust mit Sambal oelek und etwas Salz würzen. Zuletzt die Pfefferkörner darunter mischen.

TIPP
Servieren Sie als Beilage Chicorée-Salat. Den Chicorée waschen, putzen und die Blätter in Streifen schneiden. Mit Obstessig und Öl beträufeln und mit Salz und Pfeffer würzen.

Eiweiß

Pute mit Spargel

FÜR 2 PERSONEN

- 300 g Putenbrustfilet
- 50 ml trockener Sherry
- 2 EL helle Sojasauce
- 2 EL Öl | Meersalz
- 300 g dünner grüner Spargel
- 100 g Shiitake-Pilze (ersatzweise Austernpilze)
- 50 g Sojabohnensprossen
- 2 Knoblauchzehen
- 1 Stück frischer Ingwer (ca. 1 cm lang)
- 100 ml Gemüsebrühe
- 1 EL fein gehacktes Koriandergrün (ersatzweise Petersilie)

Marinierzeit: 20 Min.
Zubereitung: 30 Min.
Pro Portion ca.: 480 kcal

1 | Putenbrust quer zur Faser in dünne Streifen schneiden. Sherry, Sojasauce, 1 EL Öl und etwas Salz zu einer Marinade verrühren. Putenbrust 20 Min. darin ziehen lassen.

2 | Spargel waschen, unteres Drittel schälen. Stangen in kleine Stücke schneiden. Pilze putzen und in dicke Scheiben schneiden. Sprossen verlesen, waschen und abtropfen lassen. Knoblauch und Ingwer schälen, beides grob hacken.

3 | Restliches Öl im Wok erhitzen. Putenbrust aus der Marinade nehmen, abtropfen lassen, zufügen und unter Rühren 2–3 Min. braten, herausnehmen und beiseite stellen. Spargel, Pilze, Knoblauch und Ingwer zufügen, 1 Min. braten, dabei rühren.

4 | Brühe zugießen und das Gemüse ca. 3 Min. köcheln lassen, bis der Spargel gar ist. Mit Salz würzen. Putenbrust und Sprossen unterrühren, alles kurz weitererhitzen. Mit dem Koriander bestreuen.

im Bild hinten: Pute mit Früchten *im Bild vorne:* Pute mit Spargel ➤

Eiweiß

Puten-Kokos-Suppe

FÜR 2 PERSONEN

- **250 g Putenbrustfilet**
- **3 Frühlingszwiebeln**
- **1 Stück frische Galgantwurzel (ca. 1 cm lang; ersatzweise Ingwer)**
- **1 Stängel Zitronengras**
- **1 EL Öl**
- **350 ml Gemüsebrühe**
- **150 ml Kokosmilch (aus der Dose)**
- **1 rote Chilischote**
- **1 EL Limettensaft**
- **2 EL Austernsauce**

Zubereitung: 55 Min.
Pro Portion ca.: 235 kcal

1 | Putenbrust quer zur Faser in kleine Würfel schneiden. Frühlingszwiebeln putzen und waschen, den hellen Teil schräg in Scheiben, das Grün in Ringe schneiden. Galgantwurzel schälen und fein reiben. Zitronengras putzen, Ende abschneiden. Zitronengras längs halbieren und mit einem Messer breit klopfen.

2 | Zuerst den Wok, dann das Öl darin erhitzen. Putenbrust und Frühlingszwiebeln hinzufügen und unter Rühren 2 Min. braten. Galgantwurzel und Zitronengras darunter rühren. Brühe und Kokosmilch zugießen. Die Suppe zugedeckt 20 Min. köcheln lassen.

3 | Die Chilischote waschen, halbieren und in feine Ringe schneiden, dabei die Kerne entfernen. Das Zitronengras herausnehmen. Die Suppe mit Limettensaft und Austernsauce abschmecken. Mit der Chilischote bestreuen.

Eiweiß

Currysuppe mit Hähnchenbrust

FÜR 2 PERSONEN

- **1 Stück frischer Ingwer (ca. 1 cm lang)**
- **1 Stange Lauch**
- **2 Möhren**
- **1 Stängel Zitronengras**
- **300 g Hähnchenbrustfilet**
- **1 EL Öl**
- **450 ml Gemüsebrühe**
- **1–2 TL gelbe Currypaste**
- **1 EL Fischsauce**
- **Meersalz**
- **schwarzer Pfeffer**

Zubereitung: 50 Min.
Pro Portion ca.: 340 kcal

1 | Ingwer schälen und fein hacken. Lauch putzen, längs halbieren, gründlich waschen und in dünne Ringe schneiden. Möhren waschen, schälen und fein würfeln. Zitronengras putzen, Ende abschneiden. Das Zitronengras längs halbieren und mit einem Messer breit klopfen. Hähnchenbust quer zur Faser in kleine Würfel schneiden.

2 | Zuerst den Wok, dann das Öl darin erhitzen. Ingwer, Lauch und Möhren zufügen und unter Rühren 2 Min. braten. Brühe zugießen und aufkochen lassen. Hähnchenbrust und Zitronengras zugeben. Die Currypaste und die Fischsauce unterrühren. Die Suppe zugedeckt 25 Min. köcheln lassen. Das Zitronengras entfernen . Die Suppe mit etwas Salz und Pfeffer würzen und abschmecken.

im Bild hinten: **Currysuppe mit Hähnchenbrust** *im Bild vorne:* **Puten-Kokos-Suppe**

Eiweiß

Salatröllchen mit Rindfleisch

FÜR 2 PERSONEN

- 300 g Rinderfilet (ersatzweise Rouladenfleisch)
- 150 ml Rotwein
- 2 EL Sojasauce
- 2 EL Öl
- 1 TL rote Currypaste
- Meersalz
- 1 Zwiebel
- 1 rote Paprikaschote
- 8 schöne Blätter Römersalat
- 16 Blätter Rucola
- schwarzer Pfeffer

Marinierzeit: 20 Min.
Zubereitung: 30 Min.
Pro Portion ca.: 385 kcal

1 | Das Fleisch quer zur Faser in feine Streifen schneiden. Rotwein, Sojasauce, 1 EL Öl, Currypaste und etwas Salz zu einer Marinade verrühren. Das Fleisch ca. 20 Min. darin ziehen lassen.

2 | Zwiebel schälen und fein hacken. Die Paprikaschote waschen, halbieren, putzen und klein würfeln. Die Salatblätter und den Rucola waschen und gut trockenschütteln. Salatblätter ausbreiten und je zwei Blätter Rucola darauf legen.

3 | Übriges Öl im Wok erhitzen. Feisch aus der Marinade nehmen, abtropfen lassen, mit Küchenpapier trockentupfen, zufügen und unter Rühren 1–2 Min. braten, an den Pfannenrand schieben. Zwiebel und Paprika zugeben und 2 Min. braten, dabei rühren. Fleisch untermischen, mit etwas Salz und Pfeffer würzen. Gleichmäßig auf den Salatblättern verteilen und die Blätter vorsichtig aufrollen.

Dazu passt die Chilisauce von Seite 11.

Eiweiß

Rindfleisch mit Zwiebeln

FÜR 2 PERSONEN

- 300 g Rinderfilet (ersatzweise Rouladenfleisch)
- 2 Zwiebeln
- 2 Knoblauchzehen
- 1/2 Bund Thai-Basilikum (ersatzweise Basilikum)
- 1 rote Chilischote
- 1 Frühlingszwiebel
- 2 EL Öl
- 1 EL Fischsauce

Zubereitung: 25 Min.
Pro Portion ca.: 305 kcal

1 | Fleisch quer zur Faser in dünne Scheiben schneiden. Zwiebeln und Knoblauch schälen. Zwiebeln in Ringe schneiden. Knoblauch fein hacken. Basilikum waschen und trockenschütteln. Blättchen abzupfen. Chilischote waschen, putzen und in feine Ringe schneiden, dabei die Kerne entfernen. Frühlingszwiebel waschen und putzen, den hellen Teil in Scheiben, das Grün schräg in Röllchen schneiden.

2 | Zuerst den Wok, dann das Öl darin erhitzen. Fleisch zufügen und bei starker Hitze unter Rühren ca. 3 Min. darin braten, herausnehmen und beiseite stellen. Zwiebeln zugeben und 2 Min. bräunen. Knoblauch und Basilikum untermischen. Fleisch und Chilischote zufügen und alles unter Rühren 1 Min. weiterbraten. Das Fleisch mit Fischsauce würzen und mit der Frühlingszwiebel bestreuen.

Eiweiß

Rindfleisch mit Brokkoli

FÜR 2 PERSONEN

- 300 g Rinderfilet (ersatzweise Rouladenfleisch)
- 1 Zwiebel
- 1 Knoblauchzehe
- 1 rote Chilischote
- 450 g Brokkoli
- 1 EL Öl
- 1/2 TL Sambal oelek
- 1–2 EL Sweet Chilisauce
- Meersalz

Zubereitung: 30 Min.
Pro Portion ca.: 275 kcal

1 | Das Fleisch quer zur Faser in feine Streifen schneiden. Die Zwiebel und den Knoblauch schälen, beides hacken. Die Chilischote waschen, halbieren und in feine Ringe schneiden, dabei die Kerne entfernen. Brokkoli waschen, putzen und in Röschen teilen. Brokkolistiele fein hacken.

2 | Das Öl im Wok erhitzen. Das Fleisch zufügen und bei starker Hitze 3 Min. unter Rühren braten, dann an den Pfannenrand schieben. Die Zwiebel, den Knoblauch, die Chilischote und den Brokkoli zufügen. Zugedeckt ca. 5 Min. garen, dabei ab und zu rühren. Das Fleisch unterrühren und mit Sambal oelek, Chilisauce und etwas Salz würzen.

TIPP Ersetzen Sie den Brokkoli zur Abwechslung durch Romanesco, eine grüne Blumenkohlzüchtung, die intensiv, aber nicht nach Kohl schmeckt. Romanesco waschen, putzen und in kleine Röschen teilen. Dann wie den Brokkoli in Schritt 2 garen.

Eiweiß

Geschnetzeltes mit Sesam

FÜR 2 PERSONEN

- 2 Kalbsschnitzel (à 150 g)
- 2 EL helle Sojasauce
- 1 TL Sambal oelek
- Meersalz
- schwarzer Pfeffer
- 1 kleines Ei
- 4 EL Sesamsamen
- 1 EL Öl

Marinierzeit: 20 Min.
Zubereitung: 25 Min.
Pro Portion ca.: 345 kcal

1 | Das Fleisch quer zur Faser in ca. 3 cm breite Streifen schneiden.Die Sojasauce mit Sambal oelek, Salz und Pfeffer zu einer Marinade verrühren. Das Fleisch ca. 20 Min. darin ziehen lassen. Herausnehmen und mit etwas Küchenpapier trockentupfen.

2 | Das Ei verquirlen. Fleisch zuerst im Ei, dann im Sesam wenden. Das Öl im Wok erhitzen. Das Fleisch zufügen und unter Rühren 2–3 Min. darin braten.

TIPP Servieren Sie als Beilage einen gemischten Salat aus Chicorée, Radieschen und Sojabohnensprossen. Die Zutaten waschen, putzen und mundgerecht zerkleinern. Mit Essig und Öl beträufeln und mit Salz und Pfeffer leicht würzen.

im Bild hinten: **Rindfleisch mit Brokkoli** *im Bild vorne:* **Geschnetzeltes mit Sesam**

Eiweiß

Lamm in Chilisauce

FÜR 2 PERSONEN

- 300 g Lammfilet
- 2 Knoblauchzehen
- 1 rote Chilischote
- 2 EL helle Sojasauce
- 50 ml Rotwein
- 1 EL Zitronensaft
- 400 g grüne Bohnen
- Meersalz
- 300 g reife Tomaten
- 1 EL Öl
- 1–2 EL Tomatenmark
- 1 TL rote Currypaste

Marinierzeit: 1 Std.
Zubereitung: 25 Min.
Pro Portion ca.: 340 kcal

1 | Das Fleisch quer zur Faser in Streifen schneiden. Den Knoblauch schälen und fein hacken. Die Chilischote waschen, halbieren und in Streifen schneiden, dabei die Kerne entfernen. Sojasauce mit Rotwein, Zitronensaft Knoblauch und Chilischote verrühren. Das Fleisch ca. 1 Std. darin ziehen lassen.

2 | Bohnen waschen, putzen und in ca. 3 cm lange Stücke schneiden. In gesalzenem Wasser zum Kochen bringen und in 5 Min. bissfest garen, abgießen und gut abtropfen lassen. Die Stielansätze der Tomaten entfernen. Tomaten überbrühen, häuten, entkernen und grob würfeln.

3 | Das Öl im Wok erhitzen. Das Fleisch aus der Marinade nehmen, abtropfen lassen, mit Küchenpapier trockentupfen, zufügen. Bei starker Hitze unter Rühren 2–3 Min. braten. Bohnen und Tomaten zugeben, zugedeckt 2–3 Min. weiterbraten, dabei ab und zu rühren. Marinade zugießen. Tomatenmark unterrühren und das Fleisch mit Currypaste und etwas Salz würzen.

Eiweiß

Lamm in Orangensauce

FÜR 2 PERSONEN

- 300 g Lammfilet
- 1–2 Knoblauchzehen
- 80 ml Orangensaft
- 2 EL Öl | 1 TL Chiliflakes
- 1 Salatgurke
- 2 Stangen Staudensellerie
- 1 Orange | Meersalz
- schwarzer Pfeffer

Marinierzeit: 1 Std.
Zubereitung: 25 Min.
Pro Portion ca.: 330 kcal

1 | Das Fleisch quer zur Faser in Streifen schneiden. Knoblauch schälen und hacken. Den Orangensaft mit 1 EL Öl, Knoblauch und Chiliflakes verrühren. Das Fleisch darin ca. 1 Std. ziehen lassen.

2 | Gurke waschen, schälen, halbieren und die Kerne herausschaben. Gurke in 1 cm dicke Scheiben schneiden. Sellerie waschen, putzen und in dünne Scheiben schneiden. Selleriegrün fein hacken. Die Orange schälen. Dann die Zwischenhäute einschneiden und die Filets herauslösen.

3 | Das restliche Öl im Wok erhitzen. Das Fleisch aus der Marinade nehmen, abtropfen lassen, trockentupfen und hinzufügen. Bei starker Hitze unter Rühren 3 Min. braten. Gurke, Sellerie und Orangenfilets dazugeben. 1–2 Min. weiterbraten, dabei rühren. Marinade zugießen, einmal aufkochen lassen und das Fleisch mit etwas Salz und Pfeffer würzen. Zuletzt mit dem Selleriegrün bestreuen.

im Bild hinten: **Lamm in Chilisauce** *im Bild vorne:* **Lamm in Orangensauce**

Fisch & Meeresfrüchte

Gerichte mit Fisch und Meeresfrüchten lassen sich perfekt im Wok zubereiten. Sie können sie entweder in einem Bambuskörbchen über einem Wasserbad sanft dämpfen oder mundgerecht zerkleinert mit viel Gemüse braten. Auch hier spielt die Würzmischung eine wichtige Rolle, denn sie sorgt für das spezielle Aroma. Fisch und Meeresfrüchte zählen zur Eiweißgruppe, also nur mit Nahrungsmitteln aus der neutralen Gruppe kombinieren.

Blitzrezepte

Fischsuppe mit Mango

FÜR 2 PERSONEN | Eiweiß

➤ **2 Frühlingszwiebeln | 1 Mango 250 g Fischfilet | 1 EL Öl | 300 ml Gemüsebrühe | 150 ml Kokosmilch (aus der Dose) | 1 EL Fischsauce 1–2 TL gelbe Currypaste | Meersalz Thai-Basilikum (ersatzweise Basilikum)**

1 | Frühlingszwiebeln putzen, waschen, hellen Teil in feine Streifen, Grün in Ringe schneiden. Grün beiseite legen. Die Mango schälen, das Fruchtfleisch würfeln. Fisch in Würfel schneiden. Öl im Wok erhitzen. Frühlingszwiebeln zugeben, 1 Min. braten. Mango zufügen, 1 Min. mitbraten. Brühe, Kokosmilch, Fischsauce, Gewürze und das Basilikum zufügen, aufkochen lassen. Den Fisch zugeben und zugedeckt ca. 5 Min. köcheln lassen. Mit dem Grün bestreuen.

Omeletts mit Krebsfleisch

FÜR 2 PERSONEN | Eiweiß

➤ **1 reife Tomate | 4 Eier | 4 EL Mineralwasser | 1 TL Chiliflakes | Meersalz 150 g Krebsfleisch | 1 EL Öl | 1 EL fein gehacktes Koriandergrün**

1 | Tomate überbrühen, häuten, entkernen und fein hacken. Eier und Mineralwasser verquirlen. Tomate unterrühren, würzen. Krebsfleisch zerpflücken. 1 TL Öl im Wok erhitzen. Hälfte der Eiermasse zugießen, stocken lassen. Sobald das Omelett auf der unteren Seite gestockt, ist die Hälfte vom Krebsfleisch auf einer Omeletthälfte verteilen und die andere darüber klappen, warm halten. Aus der restlichen Eiermasse mit dem übrigen Öl ein weiteres Omelett zubereiten. Mit dem Koriander bestreuen.

Eiweiß

Garnelen in Chilisauce

FÜR 2 PERSONEN

- **200 g geschälte gegarte Garnelen**
- **2 EL Öl**
- **1 TL Zitronensaft**
- **2 rote Chilischoten**
- **1 Schalotte**
- **2 Knoblauchzehen**
- **1 Prise gemahlener Ingwer**
- **1 reife Tomate**
- **1 EL helle Sojasauce**
- **Meersalz**

Zubereitung: 20 Min.
Pro Portion ca.: 190 kcal

1 | Garnelen waschen und trockentupfen. Zuerst den Wok, dann 1 EL Öl darin erhitzen. Garnelen zufügen und unter Rühren ca. 3 Min. braten, herausnehmen, mit Zitronensaft beträufeln und warm stellen.

2 | Die Chilischoten waschen, putzen und entkernen. Die Schalotte und den Knoblauch schälen und hacken. Beides zusammen mit den Chilischoten im Mörser zu einer cremigen Paste zerstoßen. Den Ingwer unterrühren. Stielansatz der Tomate entfernen. Tomate kurz überbrühen, häuten, entkernen und fein hacken.

3 | Restliches Öl im Wok erhitzen. Die Paste zufügen und unter Rühren 1 Min. braten. Tomate, Sojasauce und 1 EL Wasser unterrühren. Mit Salz würzen und kurz aufkochen lassen. Die Garnelen zufügen und 30 Sek. miterhitzen.

Eiweiß

Marinierte Garnelen

FÜR 2 PERSONEN

- **24 rohe Garnelen**
- **2–3 Knoblauchzehen**
- **1 rote Chilischote**
- **4 EL Sesamöl**
- **Meersalz**
- **1 EL Sesamsamen**
- **1 EL fein gehacktes Koriandergrün (ersatzweise Petersilie)**

Marinierzeit: 2 Std.
Zubereitung: 25 Min.
Pro Portion ca.: 320 kcal

1 | Garnelen schälen, mit einem scharfen Messer am Rücken einschneiden und den Darm entfernen, dann die Garnelen waschen und trockentupfen. Knoblauch schälen und fein hacken. Die Chilischote waschen, putzen, halbieren und fein würfeln, dabei die Kerne entfernen. Das Sesamöl mit dem Knoblauch, der Chilischote und etwas Salz zu einer Marinade verrühren. Die Garnelen ca. 2 Std. darin ziehen lassen.

2 | Den Wok erhitzen. Sesam 1 Min. darin rösten, dabei rühren, herausnehmen und beiseite stellen. Garnelen mitsamt der Marinade in den Wok geben und bei starker Hitze unter Rühren 2–3 Min. braten. Mit dem Sesam und dem Koriander bestreuen.

TIPP

Zu beiden Garnelengerichten passt ein gemischter Blattsalat mit Zitrusfruchtfilets. Die Salate putzen, waschen und mundgerecht zerkeinern. Mit etwas Himbeeressig und Öl beträufeln und leicht würzen.

im Bild hinten: **Garnelen in Chilisauce** *im Bild vorne:* **Marinierte Garnelen**

Eiweiß

Barsch in Orangen-Sauce

FÜR 2 PERSONEN

- 2 Viktoriabarschfilets (à 150 g)
- 2 EL Zitronensaft
- Meersalz
- schwarzer Pfeffer
- 1 Stück frischer Ingwer (ca. 1 cm lang)
- 1 Fenchelknolle
- 2 Orangen
- 1 Ei
- 5 EL Mandelblättchen
- 3 EL Öl
- 40 ml Sahne
- 1 Msp. Cayennepfeffer

Zubereitung: 30 Min.

Pro Portion ca.: 580 kcal

1 | Das Fischfilet waschen, trockentupfen und in 5 cm breite Streifen schneiden. Zitronensaft mit etwas Salz und Pfeffer verrühren. Den Fisch damit beträufeln und 10 Min. ziehen lassen. Ingwer schälen und fein hacken. Den Fenchel waschen, halbieren und in feine Scheiben hobeln. Die Orangen schälen. Die Zwischenhäute einschneiden und die Filets herauslösen.

2 | Den Fisch trockentupfen. Das Ei verquirlen. Den Fisch zuerst im Ei, dann in den Mandelblättchen wenden. Öl im Wok erhitzen. Den Fisch pro Seite ca. 3 Min. darin braten, herausnehmen und warm stellen. Den Ingwer und den Fenchel unter Rühren 2 Min. im Wok braten. Orangenfilets zufügen und die Sahne zugießen, kurz aufkochen lassen. Das Gemüse mit etwas Salz und Cayennepfeffer würzen. Zu den Fischfilets servieren.

Eiweiß

Seeteufel mit Kokos-Sauce

FÜR 2 PERSONEN

- 1/2 Endiviensalat
- 400 g Seeteufelfilet
- 1 Zwiebel
- 1 rote Chilischote
- 2 EL Öl
- 3 EL Kokosraspel
- 150 ml Kokosmilch (aus der Dose)
- 1–2 TL gelbe Currypaste
- Meersalz

Zubereitung: 20 Min.

Pro Portion ca.: 375 kcal

1 | Salat putzen, waschen, abtropfen lassen und in feine Streifen schneiden. Fisch waschen, trockentupfen und in mundgerechte Würfel schneiden. Zwiebel schälen und fein hacken. Chilischote waschen, putzen und in feine Ringe schneiden, dabei die Kerne entfernen.

2 | Im Wok 1 EL Öl erhitzen. Den Fisch zufügen und unter Rühren 4–5 Min. braten, herausnehmen und den sich gebildeten Fischsud abschöpfen. Übriges Öl im Wok erhitzen. Die Zwiebel und die Chilischote 1 Min. darin braten, dabei rühren. Kokosraspel 1 Min. unterrühren. Die Kokosmilch und den Fischsud zugießen, kurz aufkochen lassen und mit der Currypaste und etwas Salz würzen. Fisch in die Sauce geben und kurz miterhitzen. Auf dem Salat anrichten.

im Bild hinten: **Seeteufel mit Kokos-Sauce** *im Bild vorne:* **Barsch in Orangen-Sauce**

Silit

Eiweiß

Marinierter Schwertfisch

FÜR 2 PERSONEN

- 2 Scheiben Schwertfisch (à 150 g)
- 1 Möhre
- 1 Zwiebel
- 2 Knoblauchzehen
- 1 Stück frischer Ingwer (ca. 1 cm lang)
- 1 Stange Lauch
- 2 EL Öl
- 1 EL Limettensaft
- 1 TL fein abgeriebene Limettenschale
- Meersalz
- schwarzer Pfeffer
- 1–2 EL helle Sojasauce

Marinierzeit: 30 Min.
Zubereitung: 45 Min.
Pro Portion ca.: 245 kcal

1 | Fisch waschen, trockentupfen und in mundgerechte Würfel schneiden. Möhre, Zwiebel, Knoblauch und Ingwer schälen. Möhre in feine Streifen, Zwiebel und Knoblauch in Scheiben schneiden. Ingwer fein hacken. Lauch putzen, längs aufschneiden, gründlich waschen und in feine Ringe schneiden. Den Fisch und das Gemüse vermischen. Mit 1 EL Öl und dem Limettensaft beträufeln. Mit der Limettenschale, Salz und Pfeffer würzen und ca. 30 Min. ziehen lassen.

2 | Zuerst den Wok, dann das übrige Öl darin erhitzen. Den Fisch und das Gemüse hinzufügen und unter Rühren ca. 5 Min. braten. Mit Sojasauce würzen und abschmecken.

Eiweiß

Schollenfilet auf Spinat

FÜR 2 PERSONEN

- 400 g Schollenfilet
- 1 EL Austernsauce
- 1 EL helle Sojasauce
- 1 EL trockener Sherry
- 1–2 TL gelbe Currypaste
- 400 g Blattspinat
- 1 kleine Zwiebel
- 1–2 Knoblauchzehen
- 2 EL Mandelblättchen
- 1 EL Öl
- 50 g Frischkäse
- Meersalz

Zubereitung: 25 Min.
Pro Portion ca.: 400 kcal

1 | Den Fisch waschen und trockentupfen. Einen Dämpfkorb mit reißfester Alufolie auslegen und den Fisch darauf legen. Austernsauce mit Sojasauce, Sherry und Currypaste zu einer dicklichen Sauce verrühren. Den Fisch auf beiden Seiten damit bestreichen. Den Wok 5 cm hoch mit Wasser füllen und zum Kochen bringen. Den Dämpfkorb in den Wok setzen. Den Fisch zugedeckt 6–8 Min. über dem Wasserdampf garen, herausnehmen und warm stellen.

2 | Spinat verlesen, waschen und abtropfen lassen. Die Zwiebel und den Knoblauch schälen, beides fein hacken. Wasser aus dem Wok gießen. Wok trockenreiben und erhitzen. Die Mandelblättchen unter Rühren 1 Min. darin rösten, herausnehmen und beiseite stellen. Das Öl im Wok erhitzen. Spinat zufügen und zusammenfallen lassen. Die Zwiebel und den Knoblauch zugeben und unter Rühren 1 Min. braten. Den Frischkäse unterrühren und den Spinat mit Salz würzen. Fisch auf den Spinat setzen, kurz miterhitzen. Mit den Mandelblättchen bestreuen.

◄ *im Bild hinten:* **Schollenfilet auf Spinat** *im Bild vorne:* **Marinierter Schwertfisch**

Eiweiß

Gedämpfter Lachs

FÜR 2 PERSONEN

➤ **400 g Lachsfilet**
Meersalz
8 Salatblätter
250 ml trockener Weißwein
3 Frühlingszwiebeln
200 g Champignons
1 große grüne Paprikaschote
1 rote Chilischote
1 EL Öl
1 EL Kokosmilch (aus der Dose)
1 TL rote Currypaste
1 EL Austernsauce
1 EL fein gehacktes Koriandergrün (ersatzweise Petersilie)

Zubereitung: 25 Min.
➤ Pro Portion ca.: 595 kcal

1 | Den Fisch in 4 cm breite Streifen schneiden, kurz in kochendes Wasser tauchen und salzen. Einen Dämpfkorb mit Salatblättern auslegen. Den Fisch darauf legen. Den Wok mit Wein füllen und bei starker Hitze zum Kochen bringen. Dämpfkorb in den Wok setzen und den Fisch zugedeckt 8–10 Min. sanft garen. Anschließend herausnehmen und warm halten.

2 | In der Zwischenzeit die Frühlingszwiebeln putzen und waschen, hellen Teil in Streifen, Grün in Röllchen schneiden. Pilze säubern und blättrig schneiden. Paprikaschote waschen, halbieren, putzen und würfeln. Chilischote waschen, putzen und in feine Ringe schneiden.

3 | Wein aus dem Wok umgießen und beiseite stellen. Wok trockenreiben. Öl im Wok erhitzen. Frühlingszwiebel, Pilze, Paprika- und Chilischote unter Rühren 2 Min. darin braten. 5 EL Wein und Kokosmilch zugießen. Mit Currypaste, Salz und Austernsauce würzen. Den Fisch auf das Gemüse setzen und mit dem Koriander bestreuen.

Eiweiß

Zander auf Möhren

FÜR 2 PERSONEN

➤ **350 g Zanderfilet**
3 EL Sojasauce
1 TL Sambal oelek
75 ml trockener Sherry
1 Zwiebel
500 g Möhren
1/2 Bund Petersilie
4 Zweige Kerbel
1 EL Öl
Meersalz
schwarzer Pfeffer

Zubereitung: 25 Min.
➤ Pro Portion ca.: 320 kcal

1 | Fisch waschen, trockentupfen und in dünne Streifen schneiden. Sojasauce, Sambal oelek und Sherry zu einer Marinade verrühren. Fisch ca. 10 Min. darin ziehen lassen. Zwiebel und Möhren schälen und fein würfeln. Petersilie und Kerbel waschen, trockenschütteln und fein hacken.

2 | Zuerst den Wok, dann das Öl darin erhitzen. Fisch aus der Marinade nehmen, kurz abtropfen lassen, zufügen und rundum braun braten. Herausnehmen und warm stellen. Zwiebel und Möhren im Wok 2 Min. unter Rühren braten. Restliche Marinade zugießen und alles 1 Min. köcheln lassen. Mit Salz und Pfeffer abschmecken und die Petersilie unterrühren. Fisch auf das Gemüse legen und mit dem Kerbel bestreuen.

im Bild hinten: **Gedämpfter Lachs** *im Bild vorne:* **Zander auf Möhren** ➤

Zum Gebrauch
Damit Sie Rezepte mit ganz bestimmten Zutaten noch schneller finden, stehen in diesem Register zusätzlich auch beliebte Zutaten wie **Pilze** oder **Spargel** – ebenfalls alphabetisch geordnet und **fett** gedruckt – über den entsprechenden Rezepten.

■ (gelb) = Eiweißgerichte
■ (orange) = Kohlenhydratgerichte
■ (grün) = Neutrale Gerichte

Die Autorin

Ursula Summ ist die Spezialistin und Erfolgsautorin auf dem Gebiet der Trennkost. Über 30 Bücher hat sie zum Thema veröffentlicht und ist mit mehr als vier Millionen verkauften Exemplaren Deutschlands meistgelesene Kochbuch-Autorin. Ihre Ratgeber wurden in 10 verschiedene Sprachen übersetzt.

Der Fotograf

Michael Brauner arbeitete nach Abschluss der Fotoschule in Berlin als Fotoassistent bei Fotografen in Frankreich und Deutschland, bevor er sich 1984 selbstständig machte. Sein Stil wird überall hochgeschätzt: in der Werbung ebenso wie bei vielen bekannten Verlagen. In seinem Studio setzte er die Rezepte zahlreicher GU-Titel stimmungsvoll ins Bild.

Hinweis

Weitere Informationen erhalten Sie bei:

Trennkost Club, Ursula Summ, Buzon Nº 356, Calle Patricio Ferrandiz 40, E-03700 Denia/ Alicante, Spanien

Tel.: +34/96/6421120
Fax: +34/96/5784715
Internet: www.trennkost.de
E-Mail: trennkost.summ@teleline.es

Bildnachweis

Titelfoto: Jörn Rynio, Hamburg, alle anderen: Michael Brauner, Karlsruhe.

Programmleitung: Doris Birk
Leitende Redakteurin: Birgit Rademacker
Redaktion: Tanja Dusy
Lektorat: Heike Knophius
Layout, Typografie und Umschlaggestaltung: Independent Medien Design, München
Satz: Uhl + Massopust, Aalen
Herstellung: Gloria Pall
Reproduktion: Repro Ludwig, Zell am See
Druck und Bindung: Kaufmann, Lahr

ISBN 3-7742-6619-0

Auflage	5.	4.	3.	2.	1.
Jahr	2008	07	06	05	04

GRÄFE UND UNZER

Ein Unternehmen der
GANSKE VERLAGSGRUPPE

Das Original mit Garantie

Ihre Meinung ist uns wichtig. Deshalb möchten wir Ihre Kritik, gerne aber auch Ihr Lob erfahren. Um als führender Ratgeberverlag für Sie noch besser zu werden. Darum: Schreiben Sie uns! Wir freuen uns auf Ihre Post und wünschen Ihnen viel Spaß mit Ihrem GU-Ratgeber.

Unsere Garantie: Sollte ein GU-Ratgeber einmal einen Fehler enthalten, schicken Sie uns das Buch mit einem kleinen Hinweis und der Quittung innerhalb von sechs Monaten nach dem Kauf zurück. Wir tauschen Ihnen den GU-Ratgeber gegen einen anderen zum gleichen oder ähnlichen Thema um.

GRÄFE UND UNZER VERLAG
Redaktion
Kochen & Verwöhnen
Postfach 86 03 25
81630 München
Fax: 089/41981-113
E-Mail: leserservice@graefe-und-unzer.de

DIE NEUE URSULA SUMM

... so schön kann Trennkost sein

ISBN 3-7742-5731-0
192 Seiten | € 19,90 [D]

ISBN 3-7742-6072-9
128 Seiten | € 9,90 [D]

ISBN 3-7742-5730-2
128 Seiten | € 12,90 [D]

ISBN 3-7742-5936-4
128 Seiten | € 12,90 [D]

ISBN 3-7742-5935-6
128 Seiten | € 12,90 [D]

Neue Rezepte mit der bewährten Genuss-Garantie von Ursula Summ

G|U

Gutgemacht. Gutgelaunt.

DIE RICHTIGE AUSSTATTUNG

- Ein Wok, der Hitze optimal speichern kann.
- Als Zubehör ein hitzebeständiger, leicht abgerundeter Wender, ein Schaumlöffel und einen Dämpfeinsatz oder einen Dämpfkorb aus Bambus.
- Ein hitzebeständiges Gefäß zum Abgießen von heißem Öl.

Ein perfektes Paar: Trennkost und Wok

DIE SCHNELLE ZUBEREITUNG

- Alle Zutaten müssen geputzt, gesäubert und zerkleinert bereitstehen.
- Erst dann den Wok stark erhitzen, anschließend das Öl zugießen und heiß werden lassen.
- Die Zutaten mit der längsten Garzeit zuerst in den Wok geben, danach folgen unter Rühren die weiteren.

DIE QUALITÄT

- Gemüse, Salate, Sprossen & Co sollten immer knackig frisch sein, dann enthalten sie noch die meisten Vitalstoffe.
- Kaufen Sie nur kleine Mengen von Gewürzen, die Sie nur selten verwenden.
- Frische Kräuter bevorzugen, durch sie kann man Salz ersetzen.

SUPPE KOCHEN IM WOK

- Beim Kochen von Suppen im Wok sollte die Flüssigkeit nicht sprudelnd kochen, sondern nur leicht köcheln und immer knapp am Siedepunkt sein.
- Bei Fischsuppen variiert die Garzeit je nach Fischart.
- Gemüse sollte noch Biss haben.